Made in the USA
Middletown, DE
26 September 2021

49149530R00068